Première édition dans la collection *lutin poche* : janvier 2007

Loi numéro 49 956 du 16 juillet 1949 sur les publications
destinées à la jeunesse : septembre 2005
Dépôt légal : janvier 2007
Imprimé en France par Mame Imprimeurs à Tours

Catharina Valckx

# Totoche

lutin poche de l'école des loisirs
11, rue de Sèvres, Paris 6e

C’est une belle journée d’automne,
mais Totoche s’ennuie.

Peut-être que Joséphine la taupe voudra bien jouer avec lui. « Bonjour, Joséphine », dit Totoche. « Qu'est-ce que tu fais ? » « Je rentre chez moi », répond Joséphine. « Je viens de m'acheter un manteau. »

« Il te va bien », dit Totoche. « On dirait un peu une robe. »
« Que tu es bête », dit Joséphine, « c'est ma robe que tu vois là.
Mon manteau est dans le sac. Viens, je vais te le montrer. »

À la maison, Joséphine enfile son nouveau manteau.
« C'est un vrai manteau de princesse ! » s'écrie Totoche.
«Dommage que je n'aie pas de portemanteau
pour l'accrocher convenablement », dit Joséphine.
Totoche se poste devant elle avec un grand sourire et dit :
« Je veux bien être ton portemanteau, moi. »

« Toi ? Je pensais à un portemanteau en bois,
pas à une souris. »
Totoche baisse la tête.
« Tu as quelque chose contre les souris ? »
« Mais non ! Ne le prends pas mal ! Bon, mets-toi là.
On va faire un essai. »

« Il est tout doux », dit Totoche.
« Oui », dit Joséphine.
« Je fais ça bien, non ? C'est très important d'avoir un bon portemanteau. Parce que si on laisse traîner son manteau n'importe où, on risque de se prendre les pattes dedans. Et patatras, de renverser la soupe dessus, par exemple – un jour où on aurait fait de la soupe.
Il est drôlement chaud, ton manteau, Joséphine.
Ma grand-mère, elle en a un, un peu comme celui-là.
Mais elle ne le met plus parce qu'il est plein de trous.
Il a été rongé par les mites.
Excuse-moi, je me gratte le nez une seconde.
Qu'est-ce que tu fais, Joséphine ? Tu écris une lettre ?
À qui ? »

Joséphine pousse un grand soupir et pose son stylo.
« Totoche », dit-elle, « tu es beaucoup trop bavard, pour un portemanteau. »
« Ah bon ? » s'étonne Totoche.

« Oui. Ça ne va pas aller. Je suis désolée, mais
je préfère accrocher mon manteau au dossier d'une chaise.
Fais-moi plaisir et retourne jouer dehors. »

« Elle n'est vraiment pas drôle, Joséphine »,
se dit Totoche.

« Ça me plaisait bien de faire le portemanteau.
Et j’avais à peine commencé… »

Il s'assoit sur le banc public, à côté de Lazare.
« Tu en fais une tête », dit l'oiseau.
« Je m'ennuie », marmonne Totoche. « Je faisais le portemanteau chez Joséphine, mais elle m'a renvoyé. Elle dit que je suis trop bavard. »

« Le portemanteau ? C'est intéressant, ça… » dit Lazare. Totoche le regarde. « Mais Lazare, tu as un manteau, toi aussi. Je pourrais essayer chez toi ? »
Lazare sourit. « Mais oui. Un portemanteau sympathique, c'est exactement ce qu'il me faut. Allons chez moi tout de suite. »

« Donne-moi ton manteau », dit Totoche, arrivé chez Lazare.
« Tu vois, je peux le porter comme ça, très droit.
C'est ce que je faisais aussi chez Joséphine. »

« Mais je peux aussi
le porter comme ça.
C'est pas mal non plus. »

« Ou comme ça.
Mais là, je ne vois
plus rien. »

« Et comme ça ? Qu'est-ce que tu en penses ?
Je peux chanter en même temps, si tu veux. »
Totoche chante une drôle de chanson sur une chèvre qui a perdu ses chaussures à lacets.
Lazare ne s'est pas autant amusé depuis longtemps.

« Et maintenant, mon cher portemanteau », dit-il quand Totoche a fini de chanter, « que dirais-tu d'une assiette de soupe aux châtaignes ? »
« Tu as de la soupe aux châtaignes ? » Totoche lâche tout de suite le manteau et saute sur un tabouret.

Lazare saisit la casserole. Mais il se prend les pattes dans le

nanteau et… PATATRAS, il renverse toute la soupe par terre.

« Ça va, je n'ai rien de cassé », soupire Lazare.
« Mais quel gâchis ! Et mon manteau est tout taché… »

Totoche a honte.
« C'est ma faute. Je l'ai laissé traîner par terre. »

« Reviens une autre fois », dit Lazare.
« Je vais me débarbouiller. »

« Oui », dit Totoche tristement.
« Je suis désolé pour la soupe. »

Ne sachant vraiment plus quoi faire, il s'allonge sur le banc. Son cœur se serre quand il pense à comme il s'amusait bien avec Lazare.

«Je vais compter les feuilles mortes qui tombent.
……………… Une…»

Soudain Totoche entend crier son nom.
« Totoche ! »
« Lazare ! »

« Viens avec moi », dit Lazare, « on va ramasser des châtaignes. Pour refaire de la soupe. »
Totoche bondit sur ses pieds.

« Je peux porter le panier ? »
« Si tu veux. »
« Tu sais », dit Totoche, « c'est très important, d'avoir quelqu'un qui porte le panier quand on ramasse des châtaignes. Parce que si on doit les ramasser et porter le panier en même temps, on risque de pencher le panier en se baissant et de tout renverser. Et tout est à recommencer. C'est très décourageant alors on s'énerve et on se pique aux bogues. C'est drôlement piquant, les bogues de châtaignes. »
Lazare sourit à son ami.
« Heureusement que tu es là. »

« L’automne, c’est ma saison préférée », dit Lazare, tout joyeux.

« À moi aussi », dit Totoche.
« C'est quoi déjà, les autres saisons ? »